AF189408

Impressum
Verlag: BABADADA GmbH, Nedderfeld 112 , 22529 Hamburg
Geschäftsführer / Verlagsleitung: Harald Hof
Druck: Books on Demand GmbH, In de Tarpen 42, 22848 Norderstedt

Imprint
Publisher: BABADADA GmbH, Nedderfeld 112 , 22529 Hamburg, Germany
Managing Director / Publishing direction: Harald Hof
Print: Books on Demand GmbH, In de Tarpen 42, 22848 Norderstedt, Germany

escuela

школа

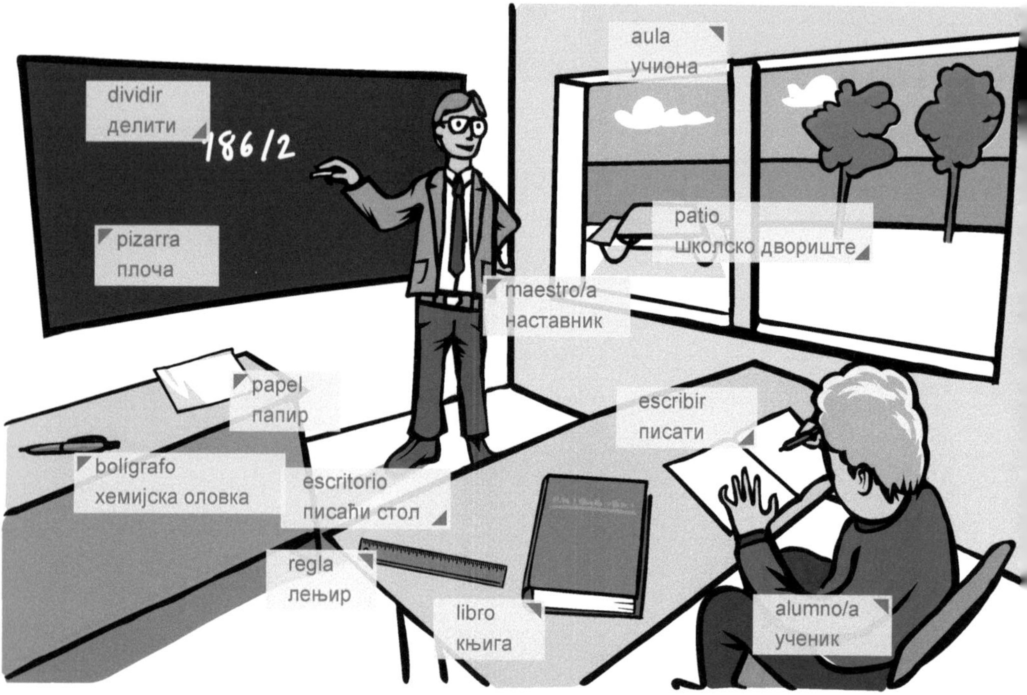

aula
учиона
dividir
делити
186/2
pizarra
плоча
patio
школско двориште
maestro/a
наставник
papel
папир
escribir
писати
bolígrafo
хемијска оловка
escritorio
писаћи стол
regla
лењир
libro
књига
alumno/a
ученик

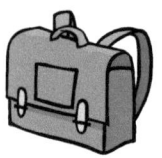

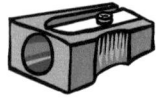

cartera
торба

caja de lápices
перница

lápiz
графитна оловка

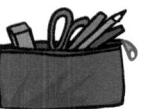

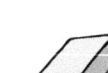

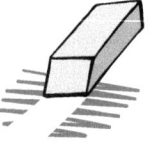

sacapuntas
шиљило за оловке

goma de borrar
гумица за брисање

cuaderno de dibujo
блок за цртање

dibujo

цртеж

pincel

кист

caja de pinturas

кутија са бојама

tijeras

маказе

pegamento

лепило

cuaderno de ejercicios

бележница

deberes

домаћи задатак

número

број

sumar

сабирати

restar

одузимати

multiplicar

множити

calcular

рачунати

letra

слово

alfabeto

абецеда

palabra

реч

texto

текст

leer

читати

tiza

креда

lección

час

cuaderno de notas

дневник

examen

испит

certificado

сведочанство

uniforme escolar

школска униформа

educación

образовање

enciclopedia

лексикон

universidad

универзитет

microscopio

микроскоп

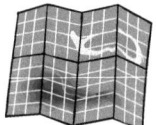

mapa

карта

papelera

кошара за папир

viaje
путовање

hotel
хотел
Grand
albergue
преноћиште
ROOMS
CHANGE
oficina de cambio de divisas
мењачница
maleta
кофер
coche
ауто

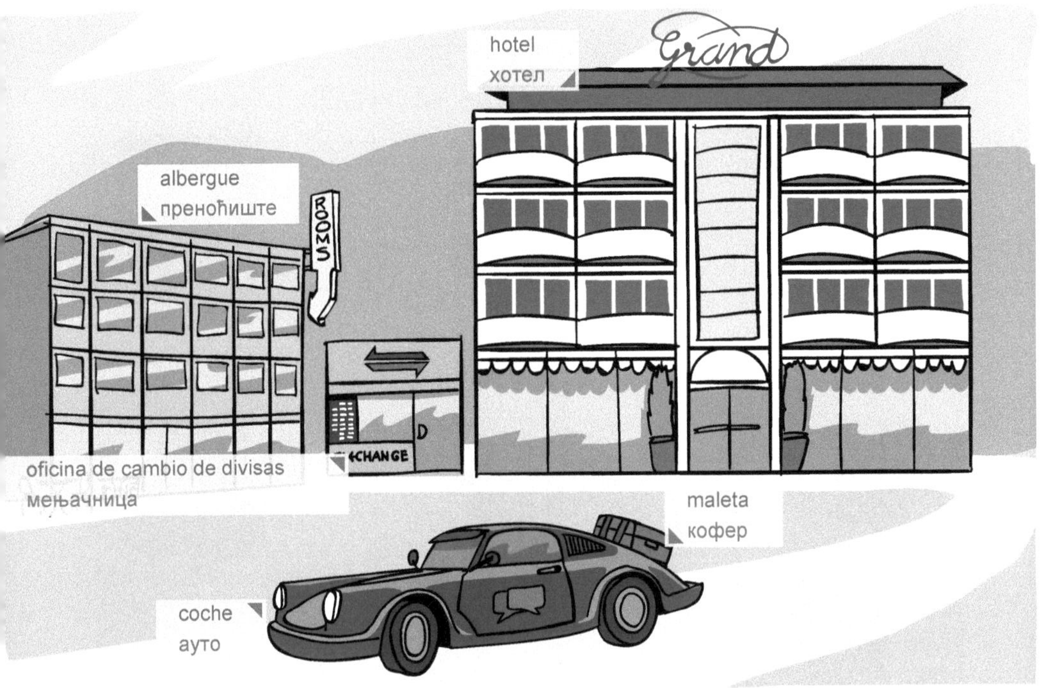

idioma
језик

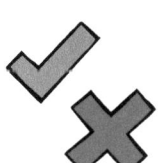

sí / no
да / не

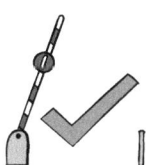

Vale
океј

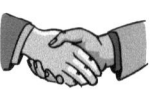

hola
здраво

traductor
преводилац

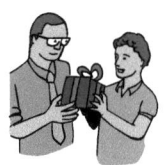

Gracias
хвала

¿cuánto es...?

Колико кошта...?

No entiendo

не разумем

problema

проблем

¡Buenas tardes!

добро вече!

¡Buenos días!

Добро јутро!

¡Buenas noches!

Лаку ноћ!

adiós

довиђења

dirección

смер

equipaje

пртљага

bolsa

торба

mochila

руксак

invitado

гост

habitación

соба

saco de dormir

врећа за спавање

tienda de campaña

шатор

información turística

туристичке информације

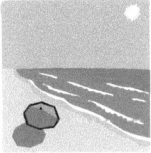

playa

плажа

tarjeta de crédito

кредитна картица

desayuno

доручак

almuerzo

ручак

cena

вечера

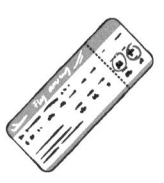

billete

карта за вожњу

ascensor

лифт

sello

поштанска маркица

frontera

граница

aduana

царина

embajada

амбасада

visa

виза

pasaporte

пасош

transporte
транспорт

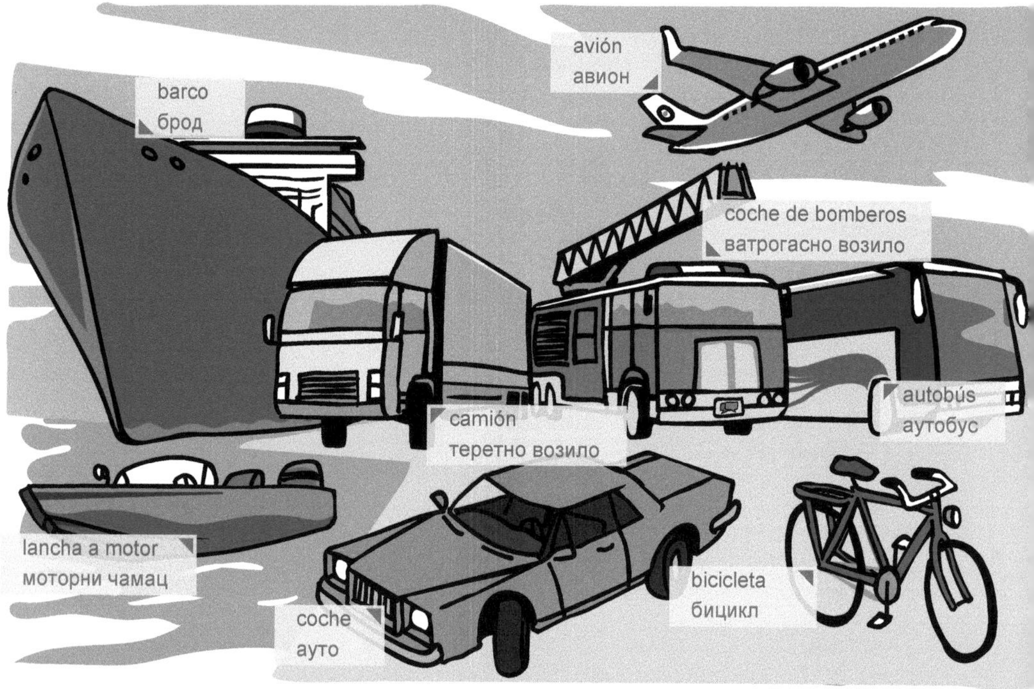

avión
авион
barco
брод
coche de bomberos
ватрогасно возило
autobús
аутобус
camión
теретно возило
lancha a motor
моторни чамац
bicicleta
бицикл
coche
ауто

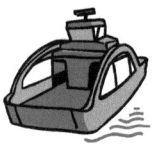

transbordador

трајект

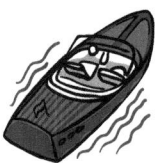

barca

чамац

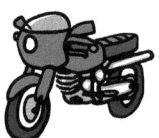

moto

мотоцикл

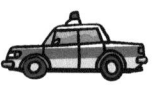

coche de policía

полицијски ауто

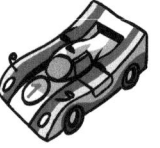

coche de carreras

тркаћи ауто

coche de alquiler

изнајмљено ауто

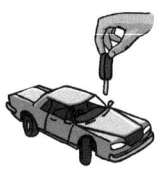

préstamo de vehículos

делење аутомобила

grúa

вучно возило

camión de la basura

возило за одвоз смећа

motor

мотор

gasolina

бензин

gasolinera

бензинска станица

señal de tráfico

саобраћајни знак

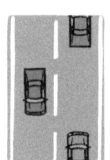

tráfico

саобраћај

atasco

застој

aparcamiento

паркиралиште

estación de tren

железничка станица

vías

шине

tren

воз

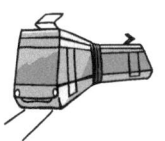

tranvía

трамвај

vagón

вагон

helicóptero

хеликоптер

aeropuerto

аеродром

torre

кула

pasajero

путник

contenedor

контејнер

caja de cartón

картон

carretilla

колица

cesta

корпа

despegar / aterrizar

узлетети / слетети

ciudad

град

pueblo

село

centro de ciudad

центар града

casa

кућа

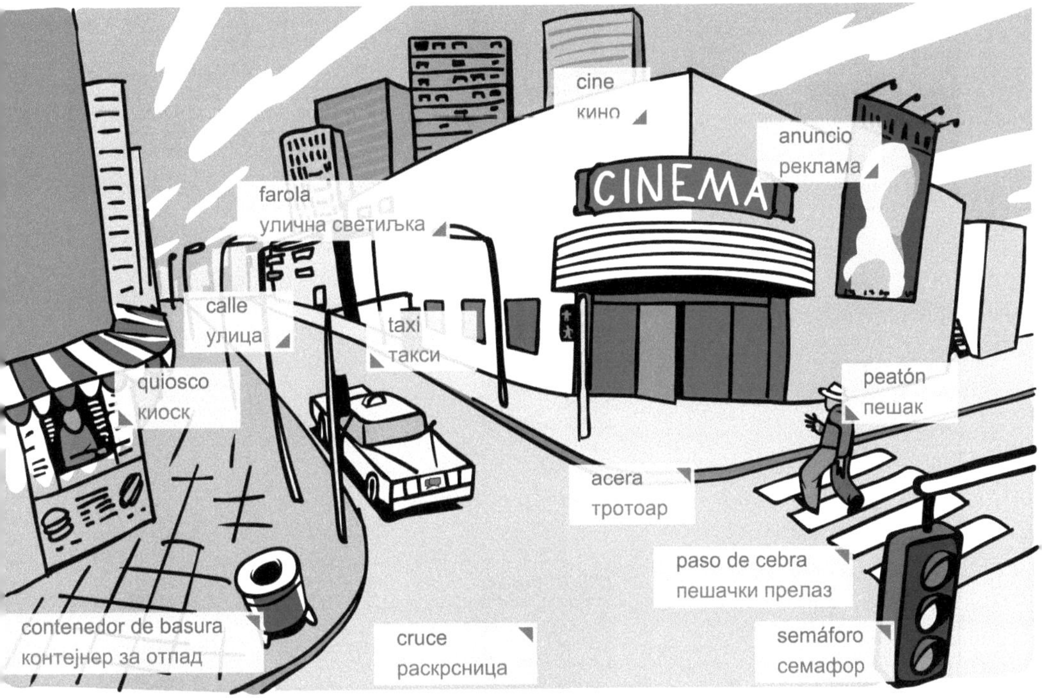

cine
кино

anuncio
реклама

farola
улична светиљка

calle
улица

taxi
такси

CINEMA

peatón
пешак

quiosco
киоск

acera
тротоар

paso de cebra
пешачки прелаз

contenedor de basura
контејнер за отпад

cruce
раскрсница

semáforo
семафор

cabaña
колиба

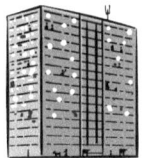

apartamento
стан

estación de tren
железничка станица

ayuntamiento
већница

museo
музеј

escuela
школа

universidad

универзитет

banco

банка

hospital

болница

hotel

хотел

farmacia

апотека

oficina

канцеларија

librería

књижара

tienda

продавница

floristería

цвећара

supermercado

супермаркет

mercado

трг

grandes almacenes

робна кућа

pescadería

рибарница

centro comercial

трговачки центар

puerto

лука

parque

парк

banco

клупа

puente

мост

escaleras

степенице

metro

подземна железница

túnel

тунел

parada de autobús

аутобуска станица

bar

бар

restaurante

ресторан

buzón

поштанско сандуче

poste indicador

улични знак

parquímetro

паркирни аутомат

zoo

зоолошки врт

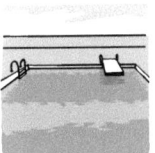

piscina

базен

mezquita

џамија

granja

сеоско газдинство

contaminación

загађење околине

cementerio

гробље

iglesia

црква

patio de juego

игралиште

templo

храм

paisaje
пејсаж

hoja
лист

señal
путоказ

camino
пут

prado
ливада

piedra
камен

excursionista
шетач

árbol
дрво

río
река

hierba
трава

flor
цвет

valle

долина

colina

планина

lago

језеро

bosque

шума

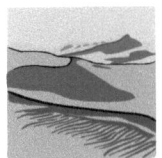

desierto

пустиња

volcán

вулкан

castillo

дворац

arcoíris

дуга

champiñón

гљива

palmera

палма

mosquito

москито

mosca

мува

hormiga

мрав

abeja

пчела

araña

паук

escarabajo

буба

rana

жаба

ardilla

веверица

erizo

јеж

liebre

зец

lechuza

сова

pájaro

птица

cisne

лабуд

jabalí

дивља свиња

ciervo

јелен

alce

лос

presa

насип

turbina eólica

ветрењача

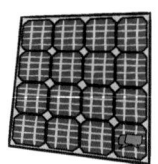

panel solar

соларна плоча

clima

клима

restaurante
ресторан

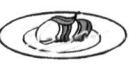

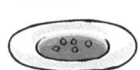

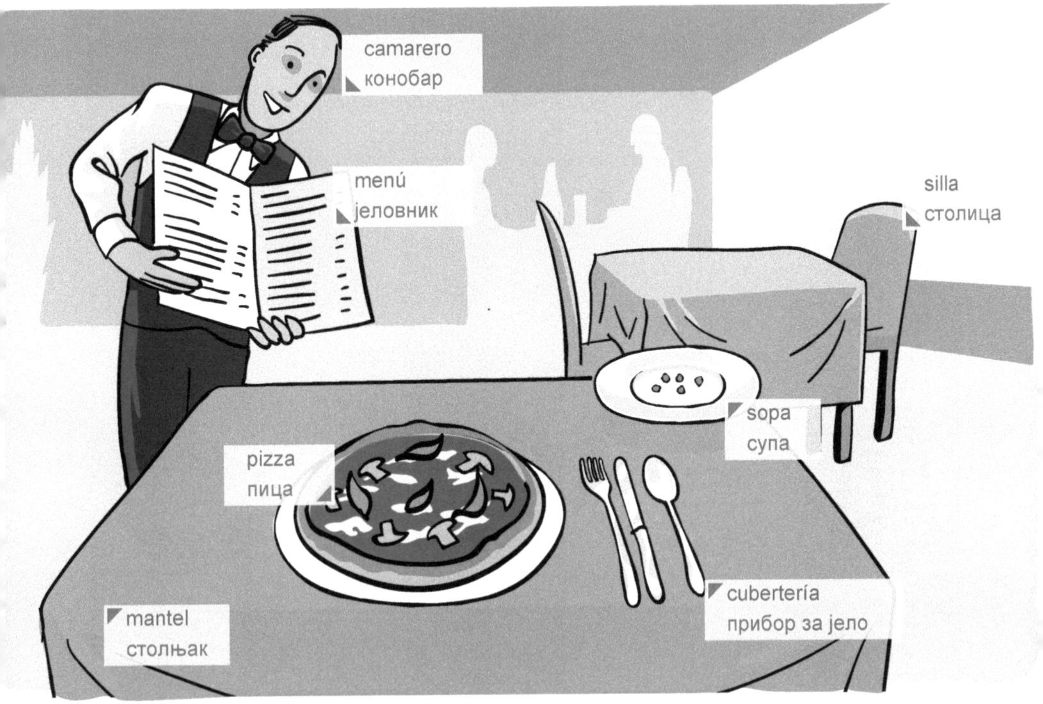
camarero
конобар
menú
јеловник
silla
столица
sopa
супа
pizza
пица
cuberterГa
прибор за јело
mantel
стољњак

primer plato
предјело

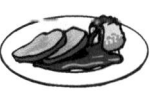

plato principal
главно јело

postre
десерт

bebidas
напитци

comida
јело

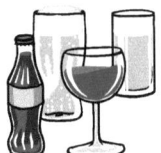

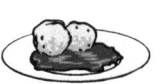

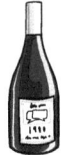

botella
флаша

comida rápida

брза храна

comida callejera

имбис храна

tetera

чајник

azucarero

доза за шећер

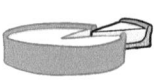

porción

порција

cafetera expreso

апарат за еспресо

trona

висока столица

cuenta

рачун

bandeja

послужавник

cuchillo

нож

tenedor

виљушка

cuchara

кашика

cucharilla

чајна кашика

servilleta

салвета

vaso

чаша

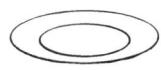

plato

тањир

plato hondo

тањир за супу

platillo

тањирић

salsa

сос

salero

сољенка

molinillo de pimienta

млин за бибер

vinagre

сирће

aceite

уље

especias

зачини

ketchup

кечап

mostaza

сенф

mayonesa

мајонеза

supermercado
супермаркет

oferta especial
понуда
FOR
cliente
купац
lácteos
млечни производи
fruta
воће
carro de la compra
колица за куповину

BUTCHERS

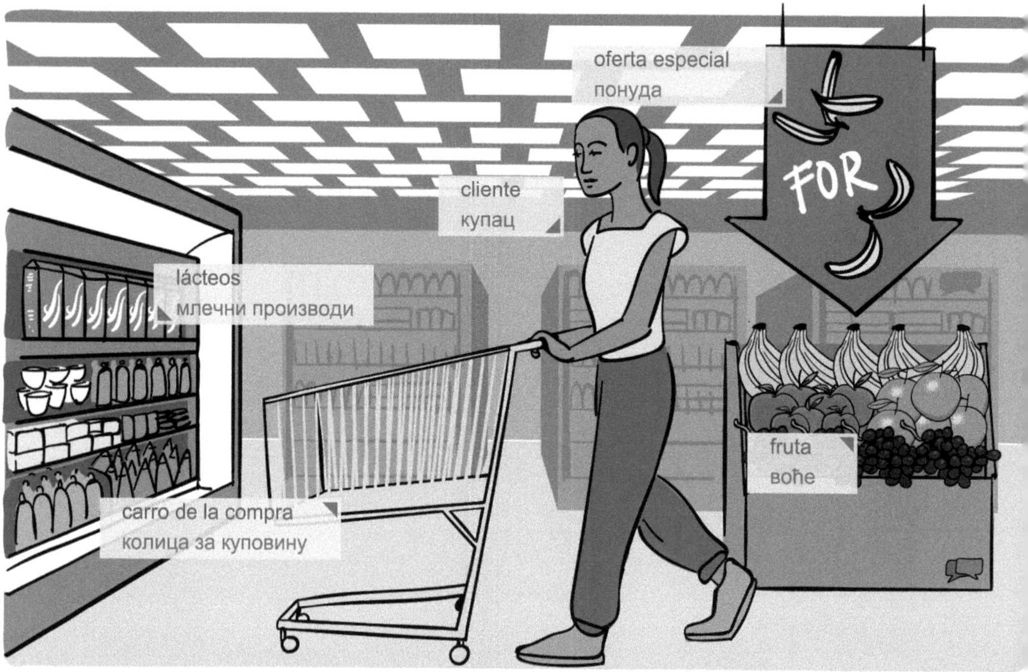

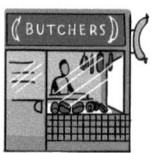

carnicería

месница

BAKERY

panadería

пекара

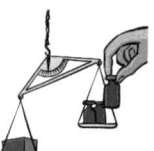

pesar

вагати

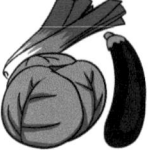

verduras

поврће

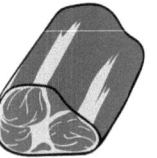

carne

месо

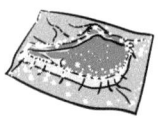

alimentos congelados

смрзнута храна

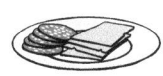

fiambres

нарезак

conservas

конзерве

detergente en polvo

средство за прање

dulces

слаткиши

productos de uso doméstico

артикли за домаћинство

productos de limpieza

средства за чишћење

vendedora

продавачица

caja

благајна

cajero

благајник

lista de la compra

листа за куповину

horario de atención al público

време рада

cartera

новчаник

tarjeta de crédito

кредитна картица

bolsa

торба

bolsa de plástico

пластична кеса

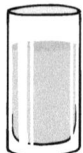

agua

вода

zumo

сок

leche

млеко

cola

кола

vino

вино

cerveza

пиво

alcohol

алкохол

cacao

какао

té

чај

café

кава

expreso

еспресо

capuchino

капучино

plátano

банана

manzana

јабука

naranja

наранџа

melón

лубеница

limón

лимун

zanahoria

шаргарепа

ajo

бели лук

bambú

бамбус

cebolla

лук

champiñón

гљива

avellanas

орашасти плодови

fideos

резанци

espagueti

шпагете

arroz

рижа

ensalada

салата

patatas fritas

помфрит

patatas fritas

печени крумпир

pizza

пица

hamburguesa

хамбургер

sándwich

сендвич

filete

шницла

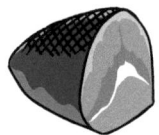

jamón

шунка

salami

салама

salchicha

кобасица

pollo

кокош

asado

печење

pescado

риба

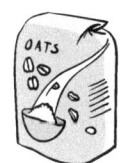

copos de avena

зобене пахуљице

muesli

мусли

copos de maíz

кукурузне пахуљице

harina

брашно

cruasán

кроасан

panecillo

пециво

pan

хлеб

tostada

тоаст

galletas

кекси

mantequilla

маслац

cuajada

свежи сир

pastel

колач

huevo

јаје

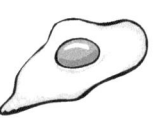

huevo frito

јаје на око

queso

сир

helado

сладолед

azúcar

шећер

miel

мед

mermelada

мармелада

crema de turrón

нугат крема

curry

кари

granja

сеоско газдинство

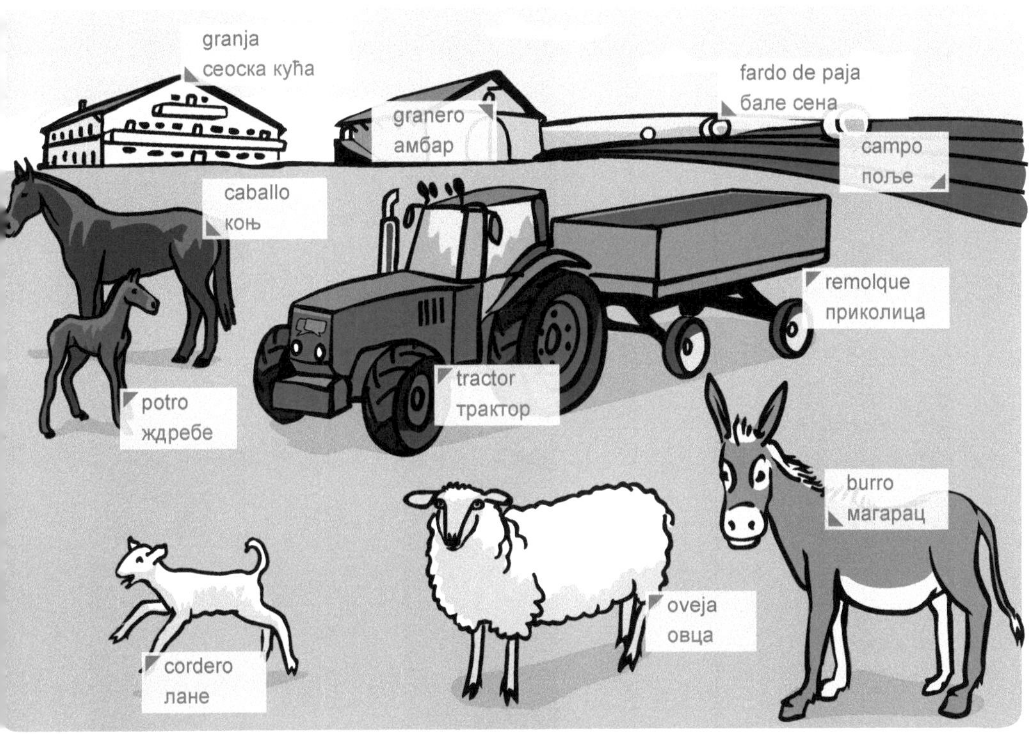

granja
сеоска кућа
granero
амбар
fardo de paja
бале сена
campo
поље
caballo
коњ
remolque
приколица
potro
ждребе
tractor
трактор
burro
магарац
oveja
овца
cordero
лане

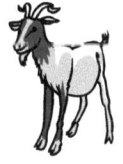

cabra
коза

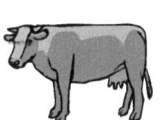

vaca
крава

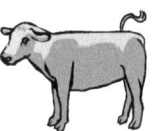

ternero
теле

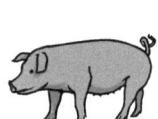

cerdo
свиња

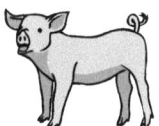

cerdito
прасе

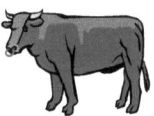

toro
бик

ganso

гуска

pato

патка

pollo

пилићи

gallina

кокош

gallo

петао

rata

пацов

gato

мачка

ratón

миш

buey

вол

perro

пас

perrera

кућица за пса

manguera

вртно црево

regadera

канта за поливање

guadaña

коса

arado

плуг

hoz

срп

azada

мотика

horca

виљушка за ђубриво

hacha

секира

carretilla

тачке

abrevadero

корито

lechera

посуда за млеко

saco

врећа

valla

ограда

establo

штала

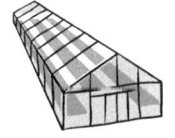

invernadero

стакленик

suelo

земља

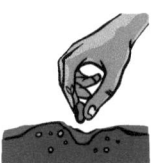

semilla

семе

fertilizador

ђубриво

cosechadora

комбајн

cosechar

жети

cosecha

жетва

ñame

jамс зачин

trigo

пшеница

soja

соја

patata

крумпир

maíz

кукуруз

semilla de colza

уљана репица

árbol frutal

воћка

mandioca

гомољ маниоке

cereales

житарице

casa
кућа

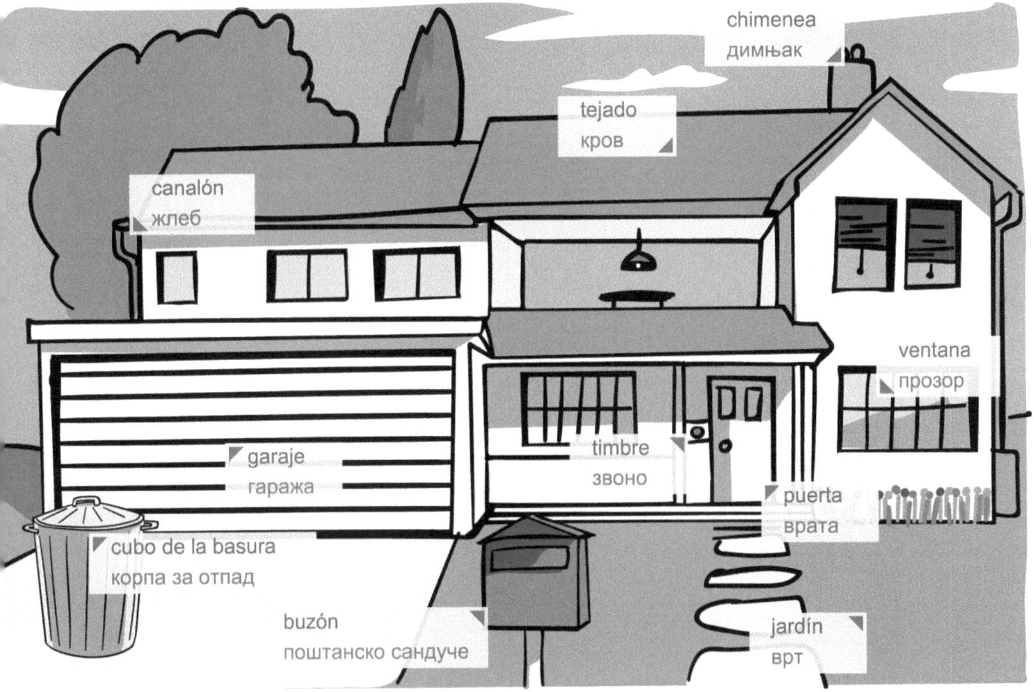

chimenea
димњак
tejado
кров
canalón
жлеб
ventana
прозор
garaje
гаража
timbre
звоно
puerta
врата
cubo de la basura
корпа за отпад
buzón
поштанско сандуче
jardín
врт

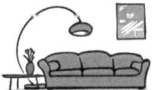

sala
дневна соба

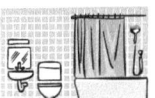

cuarto de baño
купаоница

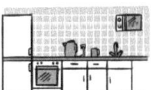

cocina
кухиња

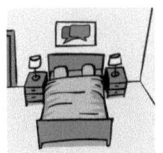

dormitorio
спаваћа соба

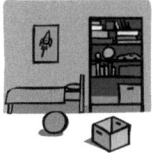

habitación de los niños
дечија соба

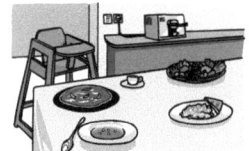

comedor
трпезарија

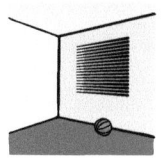

suelo

под

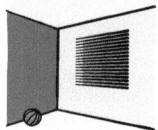

pared

зид

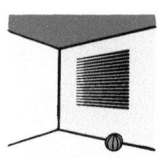

techo

строп

sótano

подрум

sauna

сауна

balcón

балкон

terraza

тераса

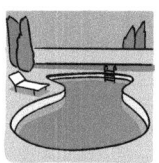

piscina

базен

cortacésped

косилица за траву

sábana

постељина за кревет

colcha

дека за кревет

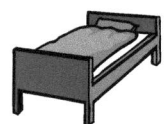

cama

кревет

escoba

метла

balde

канта

interruptor

прекидач

sala
дневна соба

papel pintado
тапета
imagen
слика
lámpara
светиљка
estante
регал
armario
ормар
televisión
телевизија
chimenea
камин
flor
цвет
cojín
јастук
sofá
кауч
jarrón
ваза
mando a distancia
даљински управљач

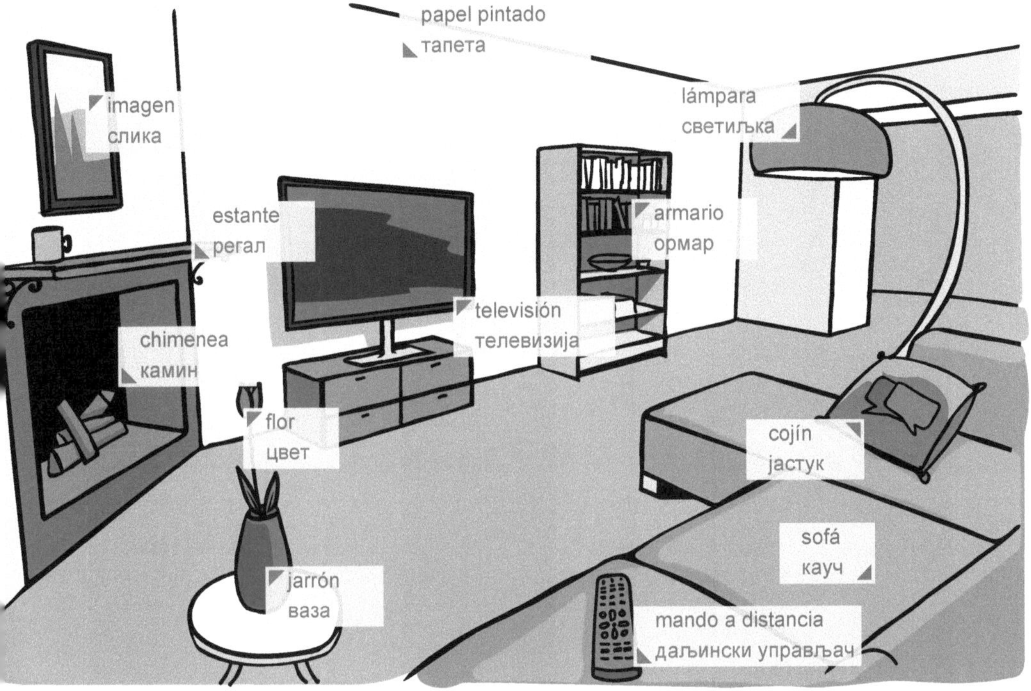

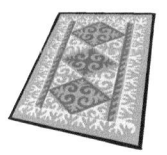

alfombra

тепих

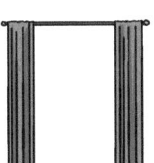

cortina

завеса

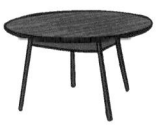

mesa

сто

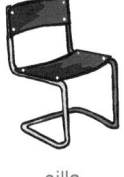

silla

столица

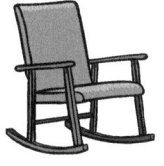

mecedora

столица за њихање

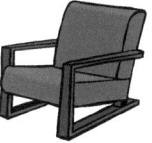

butaca

фотеља

libro

књига

manta

дека

decoración

декорација

leña

дрво за огрев

película

филм

equipo de música

хи-фи уређај

llave

кључ

periódico

новине

pintura

слика на платну

póster

постер

radio

радио

cuaderno

блок за писање

aspiradora

усисивач

cactus

кактус

vela

свећа

cocina
кухиња

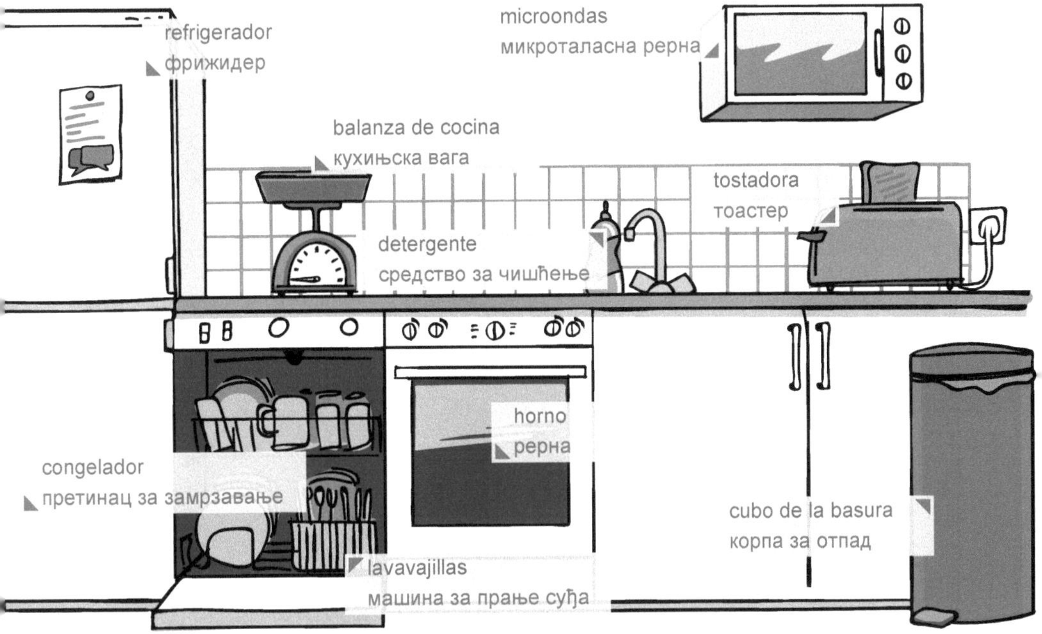

refrigerador
фрижидер
microondas
микроталасна рерна
balanza de cocina
кухињска вага
tostadora
тоастер
detergente
средство за чишћење
horno
рерна
congelador
претинац за замрзавање
cubo de la basura
корпа за отпад
lavavajillas
машина за прање суђа

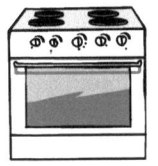

olla a presión
шпорет

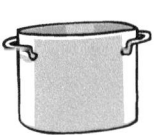

olla
лонац

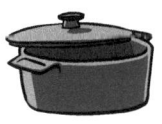

olla de hierro fundido
гвоздени лонац

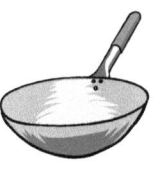

wok / karahi
вок / кадаи

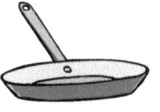

cazuela
тава

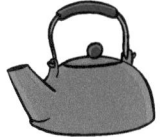

hervidor
кувало за воду

vaporera

кувало на пару

chapa de horno

лим за печење

vajilla

посуђе

taza

чаша

tazón

посуда

palillos

штапићи за јело

cucharón

кутлача

espumadera

лопатица

batidor

пењача

colador

сито за кување

cedazo

сито

rallador

рибеж

mortero

мужар

barbacoa

роштиљ

hoguera

огњиште

tabla de picar
даска

rodillo
оклагија

sacacorchos
вадичеп

lata
конзерва

abrelatas
отварач конзерви

agarrador
крпа за лонац

lavabo
судопер

cepillo
четка

esponja
сунђер

batidora
миксер

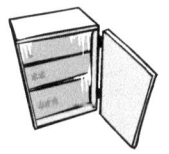

congelador
замрзивач

biberón
флашица за бебе

grifo
славина за воду

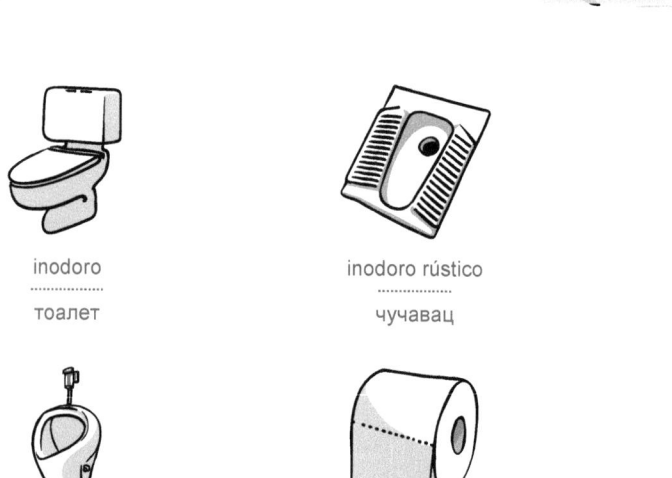

cuarto de baño
купаоница

ducha
туш
calefacción
грејање
toalla
пешкир
cortina de la ducha
завеса за туш
baño de espuma
пенушава купка
bañera
када
vaso
чаша
lavadora
машина за прање веша
grifo
славина за воду
baldosas
плочице
orinal
тута
lavabo
судопер

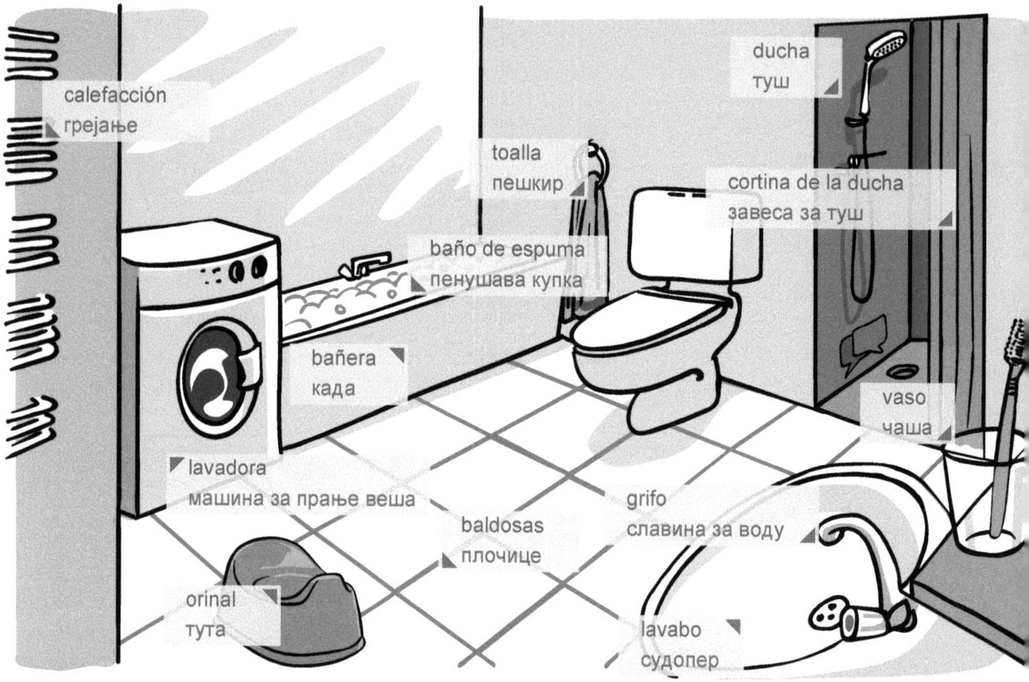

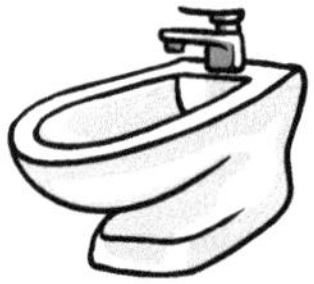

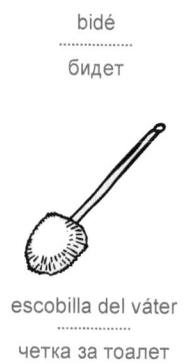

inodoro

тоалет

inodoro rústico

чучавац

bidé

бидет

urinario

писоар

papel higiénico

тоалетни папир

escobilla del váter

четка за тоалет

cepillo de dientes

четкица за зубе

pasta de dientes

паста за зубе

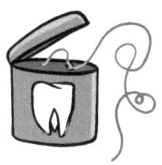

hilo dental

конац за зубе

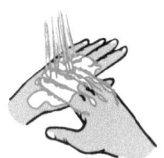

lavar

прати

ducha de mano

туш ручица

ducha íntima

туш за прање интимних делова

pila

лавор

cepillo de espalda

четка за прање леђа

jabón

сапун

gel de ducha

гел за туширање

champú

шампон

toallita

крпа за прање

desagüe

одвод

crema

крема

desodorante

дезодоранс

espejo

огледало

espejo de tocador

козметичко огледало

maquinilla de afeitar

бријач

espuma de afeitar

пена за бријање

loción postafeitado

лосион за после бријања

peine

чешаљ

cepillo

четка

secador

фен за косу

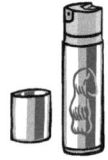

laca

спреј за косу

maquillaje

шминка

pintalabios

руж за усне

pintauñas

лак за нокте

algodón

вата

cortauñas

маказе за нокте

perfume

парфем

estuche de viaje

козметичка торбица

banqueta

столица

balanza

вага

albornoz

огртач

guantes de goma

рукавице за чишћење

tampón

тампон

compresa

уложак

inodoro químico

хемијски тоалет

habitación de los niños
дечија соба

despertador
будилник
peluche
плишана играчка
coche de juguete
ауто играчка
sonajero
звечка
casa de muñecas
кућица за лутке
regalo
поклон

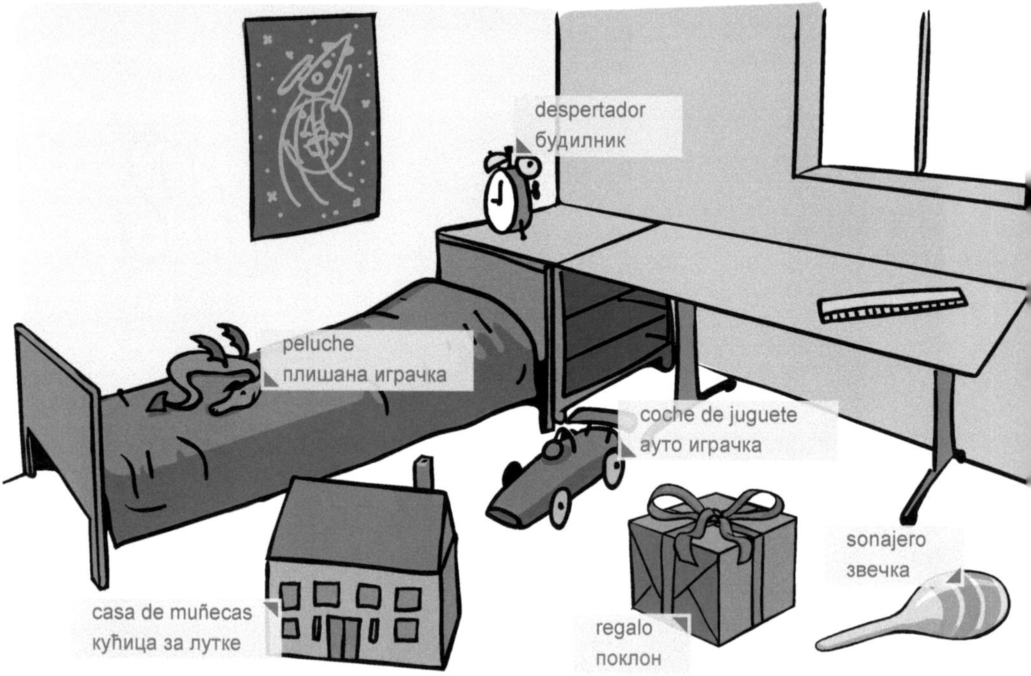

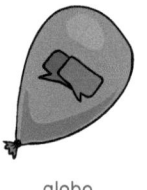

globo

балон

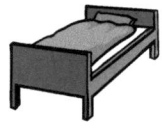

cama

кревет

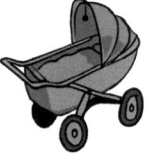

coche de niño

дјечија колица

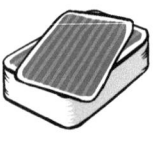

naipes

игра са картама

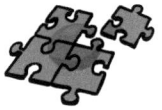

puzle

слагалица

tebeo

стрип

piezas de lego

лего коцкице

bloques de juguete

коцкице за слагање

figura de acción

акциони јунак

bodi (de bebé)

бенкица за бебе

frisbee

фризби

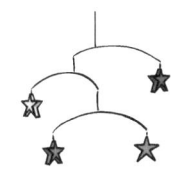

colgador móvil para bebés

висеће играчке

juego de mesa

друштвене игре

dados

коцка

circuito de tren eléctrico

минијатурна жељезница

maniquí

дуда

fiesta

забава

álbum de fotos

сликовница

pelota

лопта

muñeca

лутка

jugar

играти

cajón de arena
пешчаник

columpio
љуљачка

juguetes
играчка

videoconsola
конзола за игре

triciclo
трицикл

oso de peluche
теди

guardarropa
ормар

ropa

одећа

calcetines
кратке чарапе

medias
чарапе

leotardos
хулахопке

bufanda
шал

cinturón
каиш

paraguas
кишобран

camiseta
мајица

botas
чизме

zapatillas
папуче

deportivas
патике

sandalias
сандале

zapatos
ципеле

botas de goma
гумене чизме

slip
гаћице

sostén
грудњак

chaleco
поткошуља

bodi
боди

pantalones
панталоне

vaqueros
фармерке

falda
сукња

blusa
блуза

camisa
кошуља

jersey
џемпер

suéter
џемпер с капуљачом

blazer
сако

chaqueta
јакна

abrigo
мантил

gabardina
кабаница

traje
костим

vestido
хаљина

vestido de novia
венчаница

46

traje

одело

camisón

спаваћица

pijama

пиџама

sari

сари

bandana

марама за главу

turbante

турбан

burka

бурка

caftán

кафтан

abaya

абаја

traje de baño

купаћи костим

bañador

купаће гаћице

pantalones cortos

кратке панталоне

chándal

одећа за тренинг

delantal

кецеља

guantes

рукавице

botón

дугме

gafas

наочаре

brazalete

наруквица

collar

огрлица

anillo

прстен

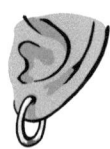

pendiente

наушница

gorra

капа

percha

вешалица

sombrero

шешир

corbata

кравата

cremallera

патент затварач

casco

кацига

tirantes

нараменице

uniforme escolar

школска униформа

uniforme

униформа

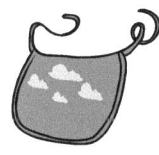

babero
подбрадак

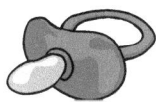

maniquí
дуда

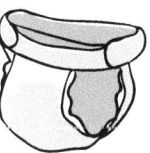

pañal
пелена

oficina
канцеларија

servidor
сервер
archivo
ормар за списе
impresora
штампач
papel
папир
monitor
монитор
ratón
миш
escritorio
писаћи стол
carpeta
мапа
teclado
тастатура
papelera
кошара за папир
ordenador
компјутер
silla
столица

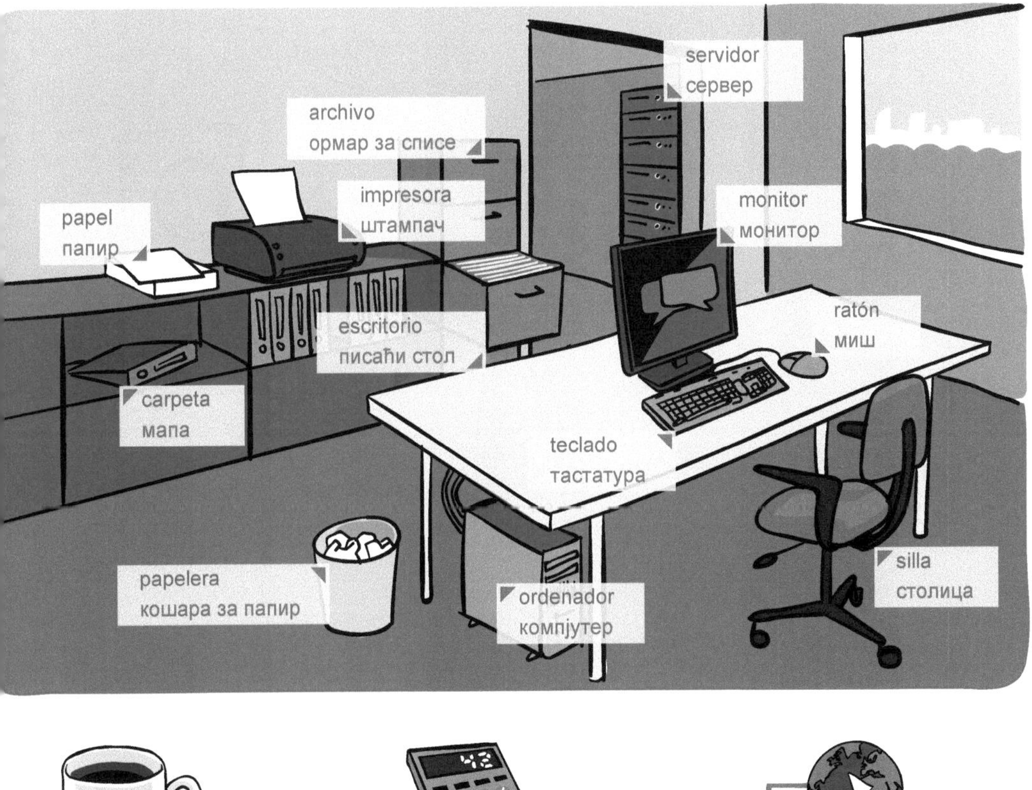

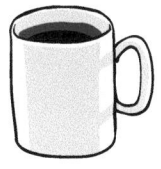

taza de café
шалица за каву

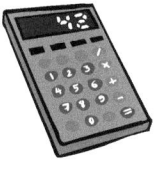

calculadora
калкулатор

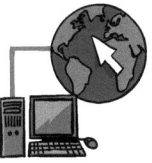

internet
интернет

portátil

лаптоп

carta

писмо

mensaje

порука

móvil

мобилни телефон

red

мрежа

fotocopiadora

уређај за копирање

software

софтвер

teléfono

телефон

toma de corriente

утичница

fax

факс

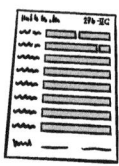

formulario

формулар

documento

документ

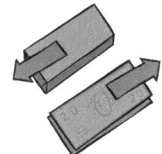

comprar

куповати

pagar

платити

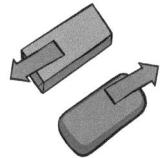

comerciar

трговати

dinero

новац

 USD

dólar

долар

 EUR

euro

евро

 JPY

yen

јен

 RUB

rublo

рубља

 CHF

franco suizo

швајцарски франак

 CNY

renminbi yuan

ренминдби јуан

 INR

rupia

рупија

cajero automático

аутомат за новац

oficina de cambio de divisas
....
мењачница

oro
....
злато

plata
....
сребро

petróleo
....
нафта

energía
....
енергија

precio
....
цена

contrato
....
уговор

impuesto
....
порез

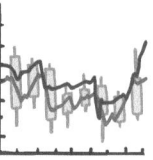

acción
....
деонице

trabajar
....
радити

empleado
....
службеник

empleador
....
послодавац

fábrica
....
фабрика

tienda
....
продавница

oficios
занимања

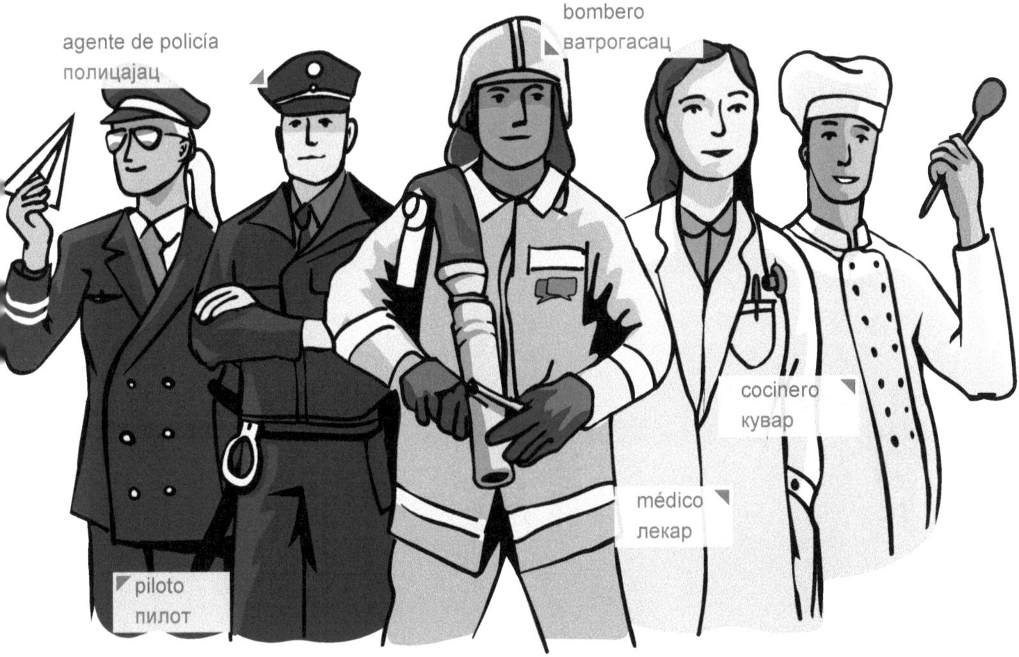
bombero
ватрогасац
agente de policía
полицајац
cocinero
кувар
médico
лекар
piloto
пилот

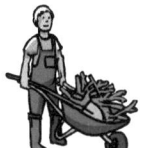

jardinero

вртлар

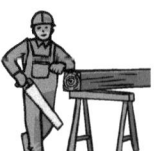

carpintero

столар

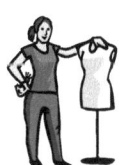

costurera

кројачица

juez

судија

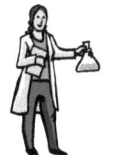

farmacéutico

хемичар

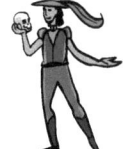

actor

глумац

conductor de autobús

возач аутобуса

taxista

возач таксија

pescador

рибар

señora de la limpieza

чистачица

techador

кровопокривач

camarero

конобар

cazador

ловац

pintor

сликар

panadero

пекар

electricista

електричар

obrero

грађевински радник

ingeniero

инжењер

carnicero

месар

fontanero

лимар

cartero

поштар

soldado

војник

arquitecto

архитекта

cajero

благајник

florista

цвећар

peluquero

фризер

revisor

кондуктер

mecánico

механичар

capitán

капетан

dentista

зубар

científico

научник

rabino

раби

imán

имам

monje

монах

sacerdote

свећеник

herramientas

алати

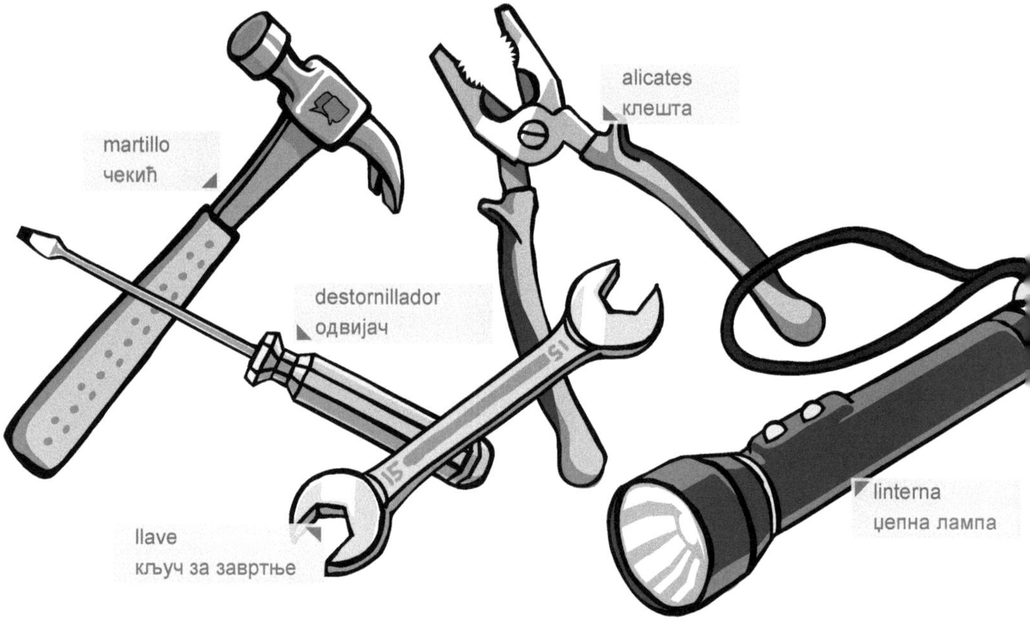
alicates
клешта
martillo
чекић
destornillador
одвијач
linterna
џепна лампа
llave
кључ за завртње

excavadora

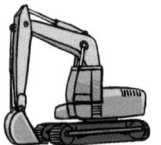

багер

caja de herramientas

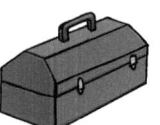

кутија за алат

escalera de mano

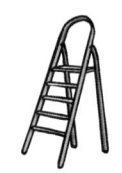

мердевине

sierra

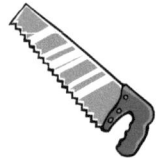

пила

clavos

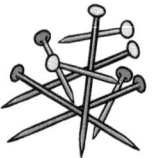

ексер

taladro

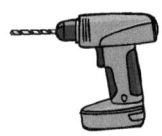

бушилица

reparar

поправити

pala

лопата

¡Maldita sea!

до ђавола!

recogedor

лопатица

bote de pintura

лонац за бoју

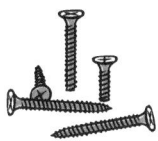

tornillos

завртањи

instrumentos musicales
музички инструмент

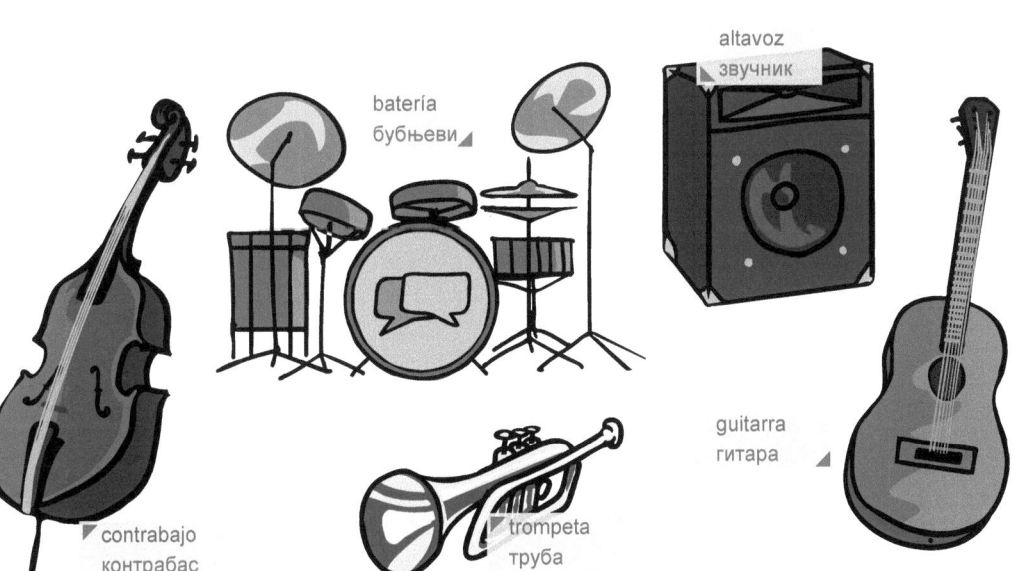

batería
бубњеви

altavoz
звучник

contrabajo
контрабас

trompeta
труба

guitarra
гитара

piano

клавир

violín

виолина

bajo

бас

timbales

тимпани

tambor

удараљке за бубњеве

teclado

типке клавира

saxofón

саксофон

flauta

флаута

micrófono

микрофон

ZOO

зоолошки врт

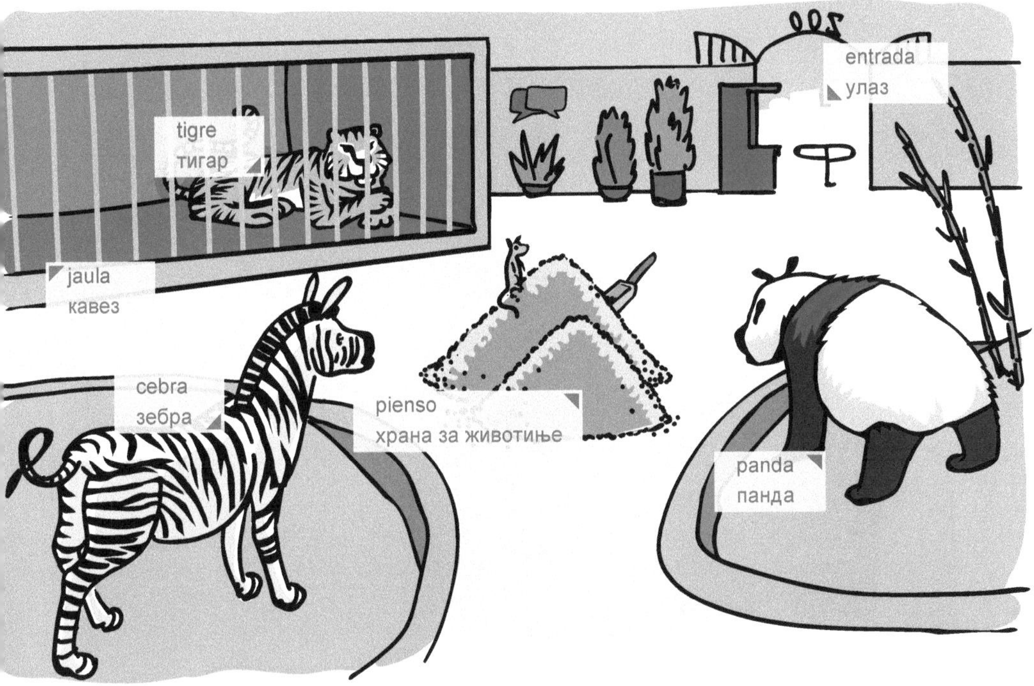

entrada
улаз
tigre
тигар
jaula
кавез
cebra
зебра
pienso
храна за животиње
panda
панда

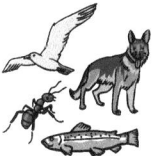

animales
животиње

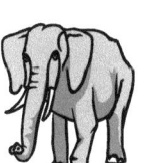

elefante
слон

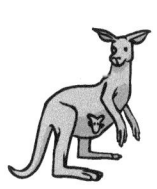

canguro
кенгур

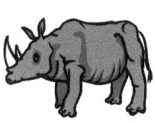

rinoceronte
носорог

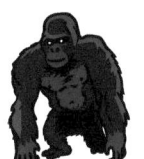

gorila
горила

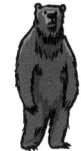

oso
медвед

camello

камила

avestruz

ној

león

лав

mono

мајмун

flamingo

фламинго

loro

папагај

oso polar

поларни медвед

pingüino

пингвин

tiburón

ајкула

pavo real

паун

serpiente

змија

cocodrilo

крокодил

guardián de zoológico

чувар у зоолошком врту

foca

туљан

jaguar

јагуар

poni

пони

leopardo

леопард

hipopótamo

нилски коњ

jirafa

жирафа

águila

орао

jabalí

дивља свиња

pescado

риба

tortuga

корњача

morsa

морж

zorro

лисица

gacela

газела

fútbol americano
амерички ногомет

ciclismo
бициклизам

tenis
тенис

baloncesto
кошарка

natación
пливање

boxeo
бокс

hockey sobre hielo
хокеј на леду

fútbol
фудбал

bádminton
бадминтон

atletismo
атлетика

balonmano
рукомет

esquí
скијање

polo
поло

reír
смејати се

saltar
скочити

abrazar
загрлити

caminar
ићи

cantar
певати

soñar
сањати

rezar
молити се

besar
пољубити

escribir
писати

dibujar
цртати

mostrar
показати

empujar
гурати

dar
дати

tomar
узети

tener
имати

hacer
чинити

ser
бити

estar de pie
стојати

correr
трчати

tirar
повлачити

tirar
бацити

caer
падати

yacer
лежати

esperar
чекати

llevar
носити

estar sentado
седити

vestirse
облачити

dormir
спавати

despertar
пробудити се

mirar

гледати

llorar

плакати

acariciar

миловати

peinar

чешљати

hablar

говорити

entender

разумети

preguntar

питати

escuchar

слушати

beber

пити

comer

јести

ordenar

поспремити

amar

волети

cocinar

кухати

conducir

возити

volar

летети

actividades - активности

navegar

пловити

calcular

рачунати

leer

читати

aprender

учити

trabajar

радити

casarse

венчати се

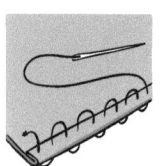

coser

шити

cepillarse los dientes

прати зубе

matar

убити

fumar

пушити

enviar

послати

actividades - активности

abuela
бака

abuelo
деда

padre
отац

madre
мајка

bebé
беба

hija
кћерка

hijo
син

invitado

гост

tía

тетка

tío

ујак, стриц

hermano

брат

hermana

сестра

cuerpo

тело

frente
чело
ojo
око
cara
лице
barbilla
брада
pecho
груди
dedo
прст
mano
рука
brazo
рука
hombro
раме
pierna
нога

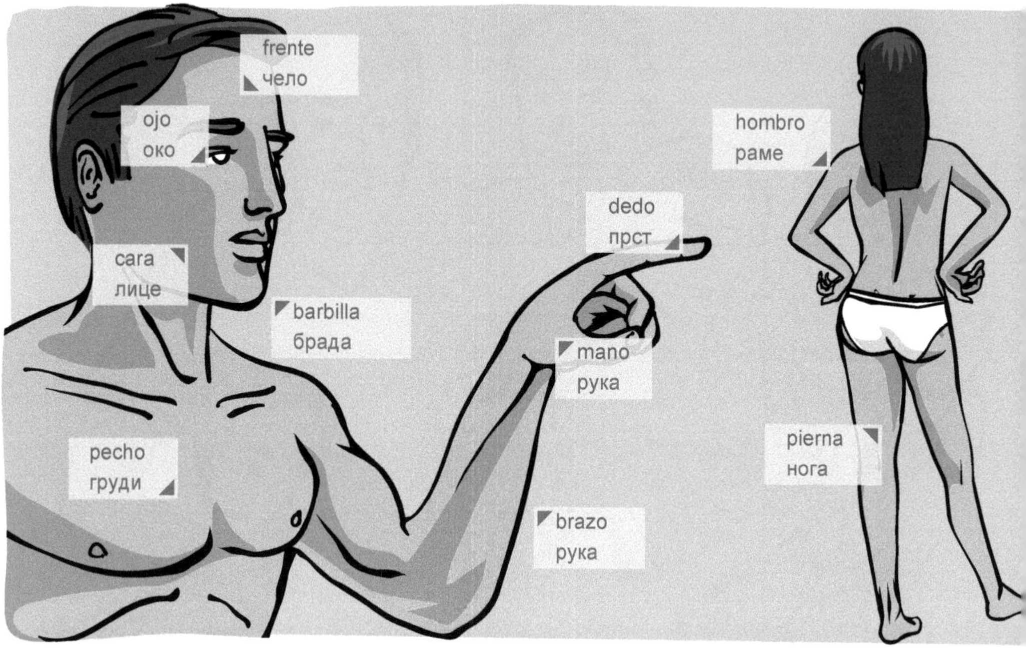

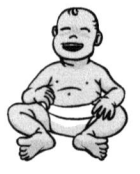

bebé

беба

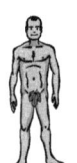

hombre

мушкарац

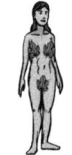

mujer

жена

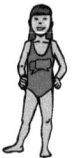

chica

девојчица

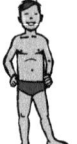

chico

дечак

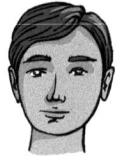

cabeza

глава

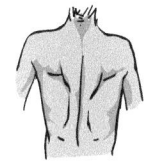

espalda

леђа

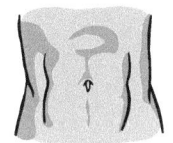

vientre

стомак

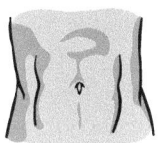

ombligo

пупак

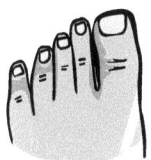

dedo del pie

ножни прст

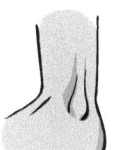

talón

пета

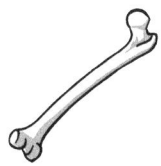

hueso

кост

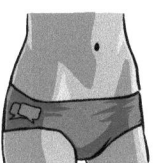

cadera

кукови

rodilla

колено

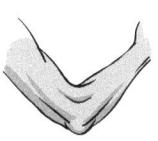

codo

лакат

nariz

нос

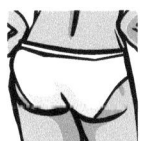

trasero

задњица

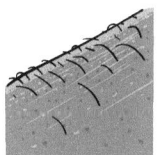

piel

кожа

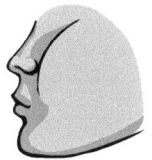

mejilla

образ

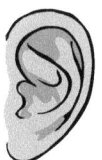

oído

уво

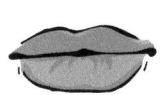

labio

усна

cuerpo - тело

boca

уста

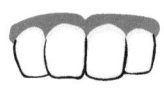

diente

зуб

lengua

језик

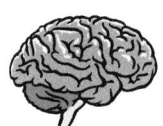

cerebro

мозак

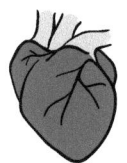

corazón

срце

músculo

мишић

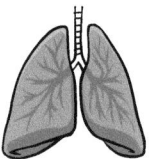

pulmón

плућа

hígado

јетра

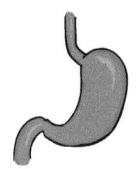

estómago

желудац

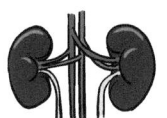

riñones

бубрези

sexo

полни однос

condón

кондом

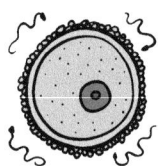

ovario

јајна ћелија

semen

сперма

embarazo

трудноћа

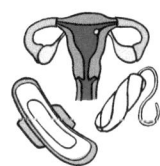

menstruación

менструација

vagina

вагина

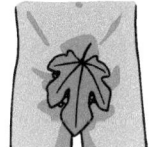

pene

пенис

ceja

обрва

pelo

коса

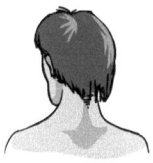

cuello

врат

hospital
болница

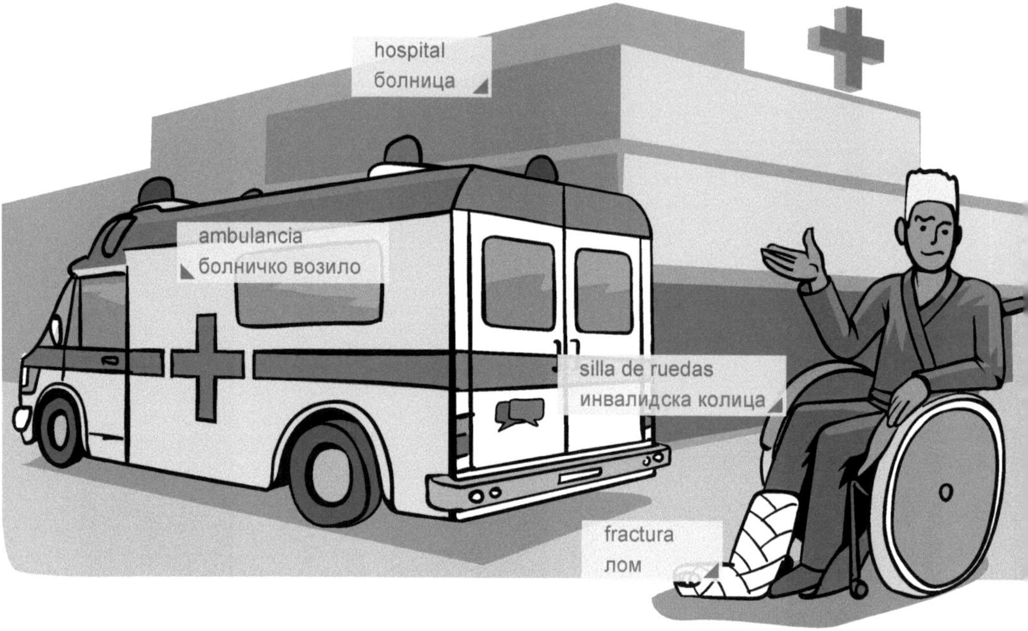

hospital
болница
ambulancia
болничко возило
silla de ruedas
инвалидска колица
fractura
лом

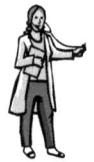

médico

лекар

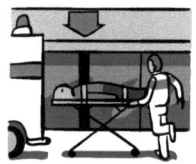

sala de urgencias

хитна медицинска служба

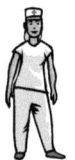

enfermera

медицинска сестра

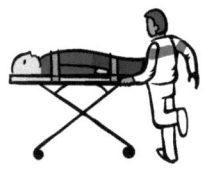

urgencia

хитни случај

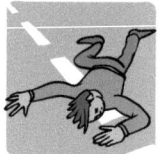

inconsciente

несвест

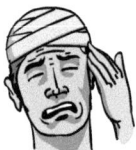

dolor

бол

lesión
повреда

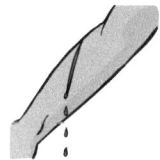

hemorragia
крварење

infarto
срчани удар

ictus
удар

alergia
алергија

tos
кашаљ

fiebre
грозница

gripe
грипа

diarrea
пролив

dolor de cabeza
главобоља

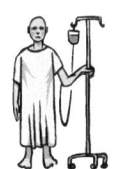

cáncer
рак

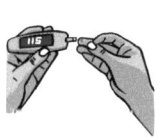

diabetes
дијабетес

cirujano
хирург

bisturí
скалпел

operación
операција

TAC
цт

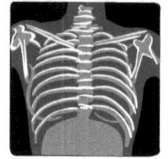

rayos x
рентген

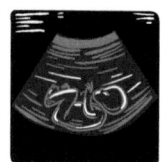

ultrasonido
ултразвук

mascarilla
маска

enfermedad
болест

sala de espera
чекаона

muleta
штака

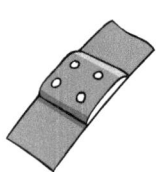

tirita
фластер

venda
завој

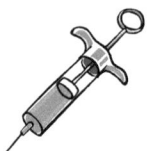

inyección
ињекција

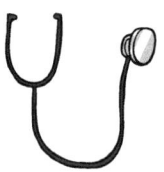

estetoscopio
стетоскоп

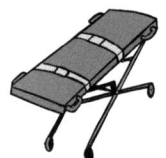

camilla
носила

termómetro
термометар

nacimiento
рођење

sobrepeso
прекомерна тежина

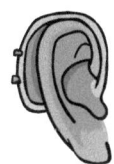

audífono

слушни апарат

desinfectante

средство за дезинфекцију

infección

инфекција

virus

вирус

VIH / SIDA

хив / аидс

medicina

медицина

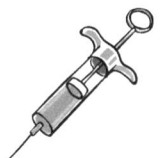

vacunación

вакцинација

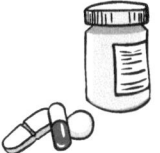

tabletas

таблете

pastilla

пилула

llamada de urgencia

хитни позив

tensiómetro

уређај за мерење
притиска

enfermo / sano

болесно / здраво

¡Socorro!

помоћ!

alarma

аларм

asalto

насртај

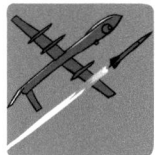

ataque

напад

peligro

опасност

salida de emergencia

излаз у случају нужде

¡Fuego!

пожар!

extintor de incendios

противпожарни апарат

accidente

незгоца

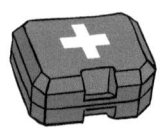

botiquín de primeros
auxilios

кутија прве помоћи

SOS

сос

policía

полиција

Europa

Европа

Norteamérica

Северна Америка

Sudamérica

Јужна Америка

África

Африка

Asia

Азија

Australia

Аустралија

Atlántico

Атлантик

Pacífico

Пацифик

Océano Índico

Индијски океан

Océano Antártico

Антарктички океан

Océano Ártico

Арктички океан

polo norte

Северни рол

polo sur

Јужни рол

Antártida

Антарктик

tierra

земља

tierra

земља

mar

море

isla

оток

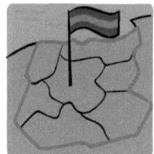

nación

нација

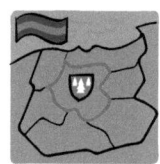

estado

држава

esfera

бројчаник сата

manecilla de las horas

сатна казаљка

minutero

минутна казаљка

segundero

секундна казаљка

¿Qué hora es?

Колико је сати?

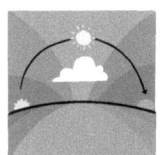

día

дан

tiempo

време

ahora

сада

reloj digital

дигитални сат

minuto

минута

hora

час

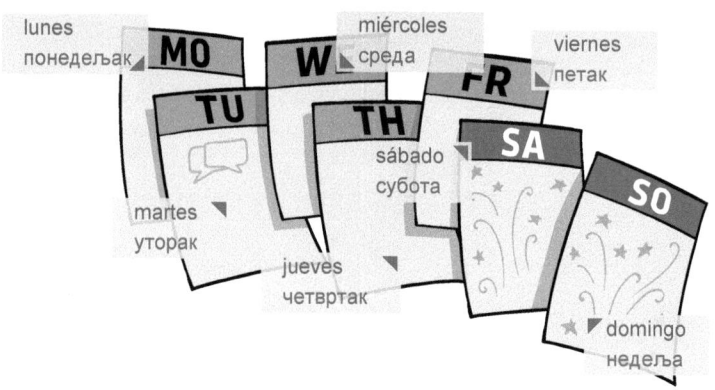

lunes / понедељак — MO
miércoles / среда — W
viernes / петак — FR
TU
TH
sábado / субота — SA
martes / уторак
jueves / четвртак
SO
domingo / недеља

ayer

jуче

hoy

данас

mañana

сутра

mañana

jутро

mediodía

подне

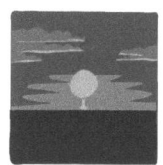

tarde

вече

MO	TU	WE	TH	FR	SA	SU
1	2	3	4	5	6	7
8	9	10	11	12	13	14
15	16	17	18	19	20	21
22	23	24	25	26	27	28
29	30	31	1	2	3	4

días laborables

радни дани

MO	TU	WE	TH	FR	SA	SU
1	2	3	4	5	6	7
8	9	10	11	12	13	14
15	16	17	18	19	20	21
22	23	24	25	26	27	28
29	30	31	1	2	3	4

fin de semana

викенд

año

година

lluvia
киша
arcoíris
дуга
nieve
снег
viento
ветар
primavera
пролеће
otoño
јесен
verano
лето
invierno
зима

4.APRIL 11°
5.APRIL 4°
6.APRIL 13°
7.APRIL 8°
8.APRIL 10°

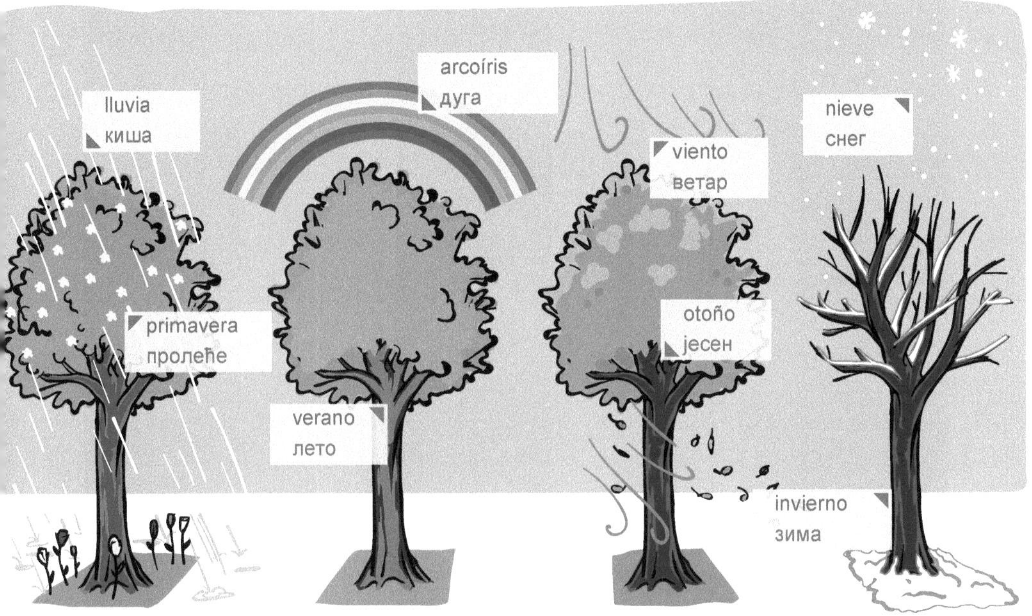

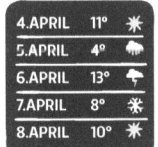

pronóstico del tiempo

метеоролошка прогноза

F
C
120
90
60
30
0
-30
40
30
20
10
0
-10
-20

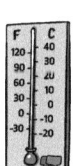

termómetro

термометар

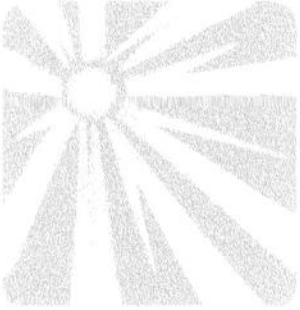

sol

сунчана светлост

nube

облак

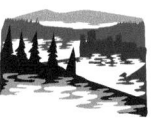

niebla

магла

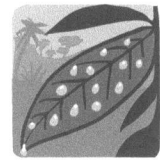

humedad

влажност ваздуха

rayo

муња

trueno

грмљавина

tormenta

олуја

granizo

туча

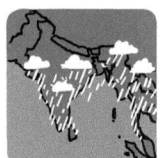

monzón

монсун

inundación

поплава

hielo

лед

enero

јануар

febrero

фебруар

marzo

март

abril

април

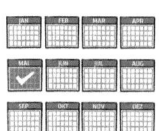

mayo

мај

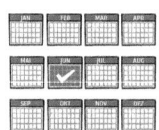

junio

јуни

julio

јули

agosto

август

año - година

septiembre

септембар

octubre

октобар

noviembre

новембар

diciembre

децембар

formas

облици

círculo

круг

cuadrado

квадрат

rectángulo

правоугао

triángulo

троугао

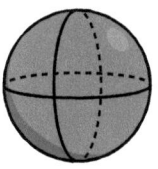

esfera

кугла

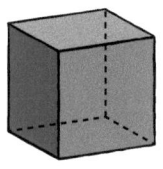

cubo

коцка

blanco

бела

amarillo

жута

anaranjado

наранџаста

rosa

ружичаста

rojo

црвена

morado

љубичаста

azul

плава

verde

зелена

marrón

смеђа

gris

сива

negro

црна

mucho / poco

много / мало

enojado / tranquilo

љутито / мирно

bonito / feo

лепо / ружно

principio / fin

почетак / крај

grande / pequeño

велико / малено

claro / oscuro

светло / тамно

hermano / hermana

брат / сестра

limpio / sucio

чисто / прљаво

completo / incompleto

потпуно / непотпуно

día / noche

дан / ноћ

muerto / vivo

мртво / живо

ancho / estrecho

широко / уско

comestible / no comestible

јестиво / нејестиво

malo / amable

зло / добро

entusiasmado / aburrido

узбуђено / досадно

gordo / delgado

дебело / мршаво

primero / último

на почетку / на крају

amigo / enemigo

пријатељ / непријатељ

lleno / vacío

пуно / празно

duro / blando

тврдо / мекано

pesado / ligero

тешко / лагано

hambre / sed

глад / жеђ

enfermo / sano

болесно / здраво

ilegal / legal

илегално / легално

inteligente / tonto

паметно / глупо

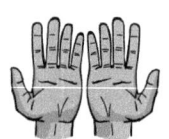

izquierda / derecha

лево / десно

cerca / lejos

близу / далеко

opuestos - супротности

nuevo / usado

ново / половно

nada / algo

ништа / нешто

viejo / joven

старо / младо

encendido / apagado

укључено / искључено

abierto / cerrado

отворено / затворено

silencioso / ruidoso

тихо / гласно

rico / pobre

богато / сиромашно

correcto / incorrecto

тачно / погрешно

áspero / suave

храпаво / глатко

triste / contento

тужно / сретно

corto / largo

кратко / дуго

lento / rápido

полако / брзо

húmedo / seco

мокро / сухо

cálido / frío

топло / хладно

guerra / paz

рат / мир

opuestos - супротности

0

cero

нула

1

uno

један

2

dos

два

3

tres

три

4

cuatro

четири

5

cinco

пет

6

seis

шест

7

siete

седам

8

ocho

осам

9

nueve

девет

10

diez

десет

11

once

једанаест

12

doce

дванаест

13

trece

тринаест

14

catorce

четрнаест

15

quince

петнаест

16

dieciséis

шестнаест

17

diecisiete

седамнаест

18

dieciocho

осамнаест

19

diecinueve

деветнаест

20

veinte

двадесет

100

cien

стотину

1.000

mil

хиљаду

1.000.000

millón

милион

inglés

енглески

inglés americano

амерички енглески

chino mandarín

мандарински кинески

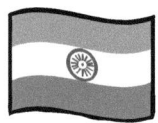

hindi

хиндски

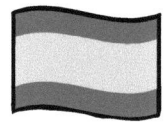

español

шпански

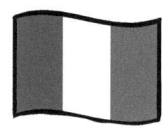

francés

француски

árabe

арапски

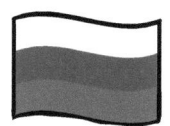

ruso

руски

portugués

португалски

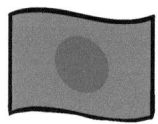

bengalí

бенгалски

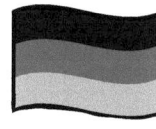

alemán

немачки

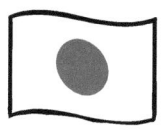

japonés

јапански

yo

ja

tú

ти

él / ella / ello

он / она / оно

nosotros/as

ми

vosotros/as

ви

ellos/as

они

¿quién?

Ко?

¿qué?

Шта?

¿cómo?

Како?

¿dónde?

Где?

¿cuándo?

Када?

nombre

име

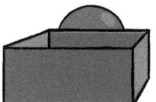

detrás

иза

en

у

delante de

испред

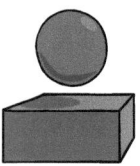

por encima de

преко

sobre

на

debajo de

испод

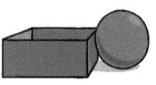

junto a

поред

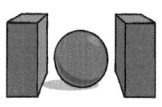

entre

између

lugar

место